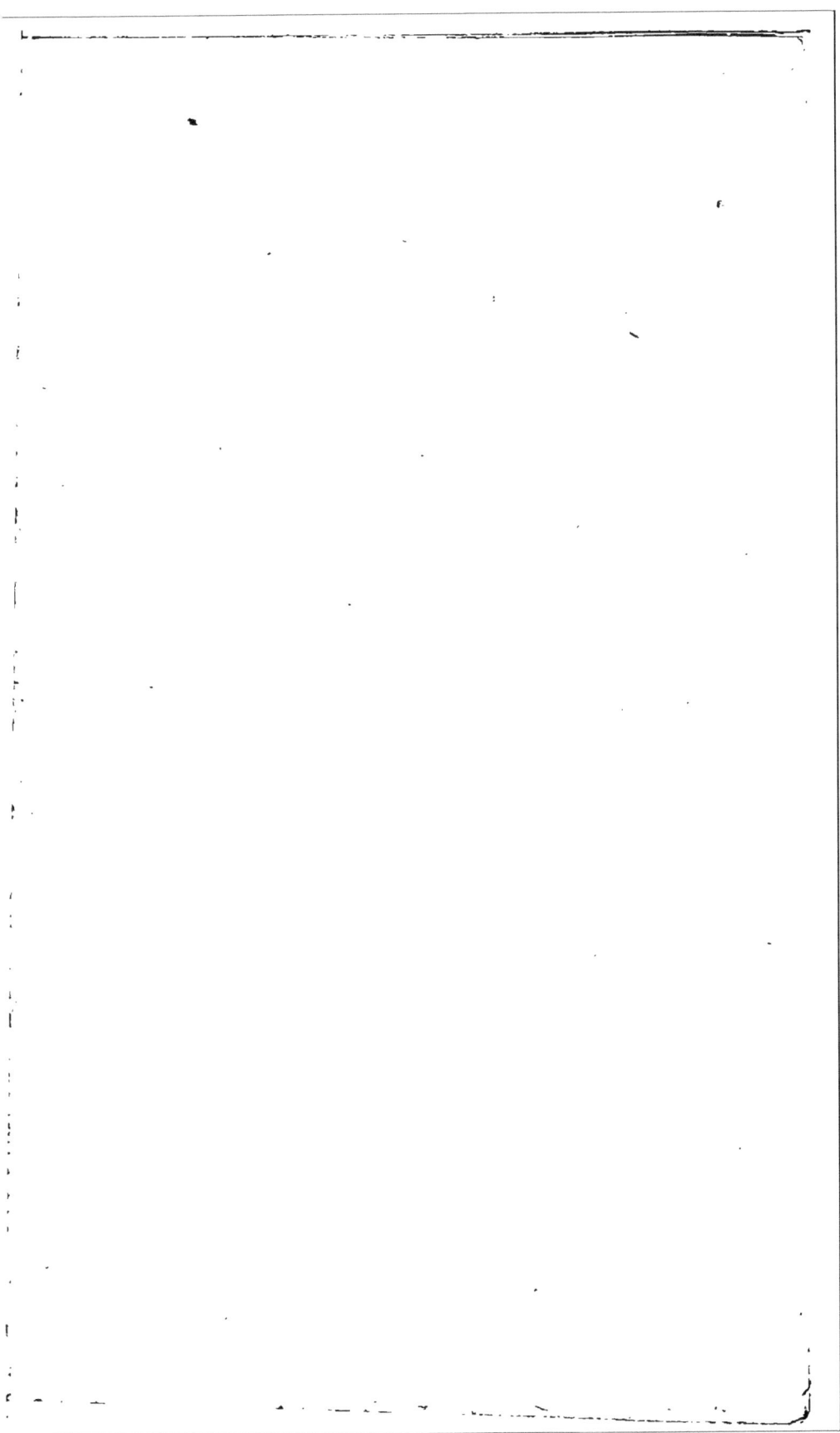

7

LK 208.

NOTICE

sur Notre-Dame

DE SAINT-ACHEUL

NOTICE

SUR NOTRE-DAME

DE SAINT-ACHEUL

ANCIENNE CATHÉDRALE D'AMIENS

A. M. D. G.

*Interroga generationem pristi-
nam, et diligenter investiga pa-
trum memoriam.* (JOB. VIII, 8.)

Interrogez les générations anciennes, et recherchez avec le plus
grand soin ce qu'ont fait les ancêtres.

AMIENS

TYPOGRAPHIE DE CARON ET LAMBERT

Imprimeurs-Libraires de Mgr. l'Évêque

PLACE DU GRAND-MARCHÉ

1854

AVERTISSEMENT.

L'homme ne vit presque pas dans le présent, il vit surtout de souvenirs. La *religion* des souvenirs se trouve à toutes les époques de l'histoire du monde et dans tous les cœurs bien nés. Jacob a reçu communication, pendant un mystérieux sommeil, des principales vérités qui concernent le Messie ; il dresse la pierre sur laquelle reposait sa tête, il y répand de l'huile et la consacre, pour qu'elle perpétue le souvenir des faveurs divines. Josué a traversé le Jourdain avec son armée victorieuse ; douze pierres seront dressées sur les bords du fleuve, en témoignage commémoratif de la puissance et de la miséricorde de Dieu.

Le monde entier est couvert de monuments de toute sorte qui transmettent aux hommes le souvenir des choses passées ou des personnes absentes, depuis les pyramides d'Égypte jusqu'au plus modeste objet destiné à nous rappeler la tendresse d'une

mère ou l'affection d'un ami. Oter du cœur
de l'homme le soin et le respect des souvenirs, ce serait se priver des plus grands
enseignements et des plus douces jouis-
sances. Si tel est le prix de ce qui doit
conserver nos souvenirs profanes, quel ne
sera pas celui des objets ou des lieux qui
conservent à travers les siècles les souvenirs
sacrés de la vertu, du martyre, de la foi?
Notre-Dame de Saint-Acheul est un de ces
lieux. Elle a été la première Cathédrale
d'Amiens, elle renferme les tombeaux de
l'Apôtre de la Picardie et ceux des saints
Évêques ses successeurs. Modeste par l'ap-
parence, on peut dire qu'elle est grande par
les souvenirs qu'elle conserve; ils sont les
plus saints et les plus précieux de l'Amiénois.
Le but de cette notice est d'en rappeler
quelques-uns avec autant de simplicité que
de brièveté.

NOTICE

SUR

NOTRE-DAME DE SAINT-ACHEUL,

Ancienne Cathédrale d'Amiens.

———∘∘⦂⦂∘∘———

Parmi les nombreux sanctuaires que la piété des fidèles a élevés en l'honneur de la Sainte Vierge, on ne peut oublier Notre-Dame de Saint-Acheul, l'ancienne Cathédrale d'Amiens. Cette église n'est pas sans mérite sous le rapport de l'art. On y remarque le beau développement de la nef, la hauteur extraordinaire de la voûte, l'harmonieuse disposition des deux étages, et l'élégance monumentale de la façade. L'Assomption de la Sainte Vierge au fond de l'abside, la statue de Notre-Dame-des-Sept-Douleurs, la statue de Sainte Marguerite méritent aussi de fixer un instant les regards. Mais Notre-Dame possède beaucoup plus que quelques monuments des arts : elle possède les grands, les saints et patriotiques souvenirs d'Amiens et de la Picardie.

1.

Les souvenirs profanes même n'y sont pas sans intérêt: ils rappellent, si l'on en croit la tradition, ces temps où les druides, au milieu de la forêt qui couvrait les hauteurs de Saint-Acheul, accomplissaient les rites sanglants de leur culte. Ils rappellent aussi l'époque moins reculée de la domination romaine. Un temple romain s'élevait à l'endroit même où s'élève aujourd'hui Notre-Dame de Saint-Acheul. Faustinien, sénateur de la ville d'Amiens, y possédait une riche métairie ou maison de campagne et les tombeaux de sa famille. Les métairies de Saint-Acheul s'appelaient *abladène*. Les souvenirs de nos premiers pères dans la foi sont plus précieux.

Depuis près de trois cents ans, l'Évangile était prêché et persécuté dans tout le monde: Amiens et le pays d'alentour, jusque là plongé dans les ténèbres de l'erreur, devait être redevable du bienfait du christianisme à saint Firmin, martyr. La tradition la plus constante et les monuments les plus authentiques, l'ont toujours proclamé comme le glorieux apôtre de la Picardie.

Saint Firmin naquit d'une famille de sénateurs de la ville de Pampelune, en Espagne: son père, qui était un des premiers du sénat, *erat Firminus primatum tenens populi et senatus*, s'appelait Firmin, et sa mère, Eugénie. Firmin, l'aîné de leurs fils, fut élevé dans la piété et la culture des lettres humaines par saint Honeste, prêtre de la ville de Nîmes. Il s'employa à la conversion des idolâtres, de concert avec son saint précepteur, et fut par lui ordonné prêtre à l'âge de 31 ans. Bientôt après, saint Honorat, qui occupait alors le siége de Toulouse, l'ordonna évêque en lui disant que Dieu l'avait destiné à porter la lumière de l'Évangile dans les Gaules. Plein de science, de vertus et de zèle, il parcourut une partie de l'Espagne, l'Agénois et l'Auvergne; puis, de là, apprenant que la persécution était plus vive dans la Gaule Belgique, il se rendit au diocèse de Lizieux, à Beauvais, où il fut arrêté et fouetté cruellement, et enfin à Amiens, où il arriva le 10 octobre de l'an 300, d'autres disent de l'an 288. Là devait être le théâtre des grandes choses que Dieu voulait opérer par son serviteur, et le lieu de son triomphe.

Par l'éloquence de ses prédications, et surtout par le nombre et par l'éclat de ses miracles, saint Firmin convertit beaucoup d'idolâtres. En quarante jours, il baptisa jusqu'à trois mille hommes (1), parmi lesquels Faustinien, célèbre sénateur, Auxence (Hilaire), un des principaux

(1) *Pierre de Natalibus Passio d. Firmini* (teste Baronio; cap. 79, lib. 12).

de la ville, une femme de haute distinction, nommée Attilia, veuve d'Agrippin, et toute leur famille.

Au bruit de ces merveilles, le gouverneur de la ville, Sébastien Valère, accourut, de Trève où il était, à Amiens, pour s'opposer aux progrès du christianisme, et faire exécuter les édits de persécution des empereurs Dèce et Valérien. Saint Firmin, dénoncé par les prêtres du paganisme comme ennemi des dieux, se rendit hardiment au prétoire du juge, comme autrefois saint Paul dans l'Aréopage. Il y confessa généreusement Jésus-Christ et y proclama l'unité d'un Dieu tout-puissant que nous devons adorer et servir, et montra les erreurs du culte des idoles. Vainement Sébastien le menaça-t-il des plus cruels supplices s'il refusait d'obéir aux empereurs. Firmin, que la soif du martyre avait amené à Amiens, n'en montra que plus de courage et de ferveur. « Sachez, lui dit-il, que vos menaces ne peuvent m'ébranler; plus les maux que vous me ferez souffrir seront cruels, plus le Dieu que je prêche m'accordera de force pour les supporter. »

Le nombre des habitants convertis était déjà si considérable, et l'influence du saint confesseur sur la population, si grande, que Sébastien Valère, dans la crainte d'une sédition populaire, n'osa le livrer aux tourments. Il le mit entre les mains de ses gardes, et lui fit secrètement trancher la tête dans le château où il était renfermé. C'était le 25 septembre de l'an 301.

Le sénateur Faustinien, converti à la foi par saint Firmin, recueillit avec respect, dans la prison, les restes du saint martyr; il les fit inhumer honorablement dans le tombeau de sa famille sur les hauteurs d'*Abladène,* à côté du temple païen dont les fidèles peut-être se servaient déjà, ou dont ils se proposaient de se servir. Quoi qu'il en soit, un petit oratoire fut élevé sur les restes de saint Firmin, et ce lieu commença à être entouré de la plus profonde vénération : il renfermait le saint corps d'un apôtre, d'un martyr, d'un père.

Le sang du bienheureux Firmin n'arrêta pas la persécution. Elle devint au contraire plus violente que jamais. L'oratoire élevé sur son tombeau fut renversé en haine du nom chrétien; plusieurs prêtres ou fidèles eurent l'honneur de mourir pour Jésus-Christ. De ce nombre furent saint Quentin, venu de Rome pour continuer à répandre dans l'Amiénois les lumières de l'Évangile, les saints Fuscien, Victorice et Gentien, dont les corps restèrent inhumés au village de Sains, jus-

1..

qu'à l'an 555, époque où saint Honoré, 8ᵉ évêque d'Amiens, les transporta auprès du sépulcre de saint Firmin, dans la cathédrale Notre-Dame-des-Martyrs.

C'est dans la même persécution que souffrirent saint Just, saint Maxime, saint Gratien, mais parmi ces saints martyrs aucun n'a combattu avec plus de gloire pour Jésus-Christ, aucun n'a été accompagné après sa mort d'une vénération plus universelle et plus constante que les saints Ache et Acheul (Acheus et Acheolus). Au milieu des outrages qu'on leur faisait endurer, au milieu des chaînes et des prisons, des ongles de fer et du déchirement de tous leurs membres, ils répondaient par un mot qui semblait un mot de ralliement : « Si Dieu est pour nous, qui sera contre nous ? (1) »

Leurs tombeaux furent placés près de celui de saint Firmin, ainsi que celui de Faustinien.

Dès lors les Amiénois souhaitaient ardemment de reposer à côté de leurs premiers pères et de leurs illustres concitoyens. Les hauteurs maintenant de Saint-Acheul devinrent un lieu de sépulture, et, quoiqu'il ne reste que peu de monuments de ces époques reculées, on peut croire que le désir

_____

(1) *Si Deus pro nobis, quis contra nos?* (Bolland, mai 2).

d'être inhumé dans la terre des saints, subsista longtemps et universellement, puisqu'il n'est presque pas d'endroit où l'on puisse fouiller cette terre sans y rencontrer une foule de tombes anciennes. On en trouva sur lesquelles étaient gravés le monogramme du Christ et deux paons, ou l'*alpha* et l'*oméga* accompagnant le *labarum*.

Ces emblèmes, fréquemment en usage dans les catacombes de Rome, la simplicité des autres tombes, l'absence complète d'armure et de vases cinéraires ou de quelque objet de toilette, comme on en rencontre habituellement dans les tombes romaines, le motif pieux qui porta les Amiénois à se faire inhumer près du tombeau de saint Firmin, tout cela prouve clairement, croyons-nous, que ces tombes sont des tombes chrétiennes. On pense aussi qu'il y a sur les hauteurs de Saint-Acheul, comme dans d'autres endroits des environs d'Amiens, des tombes qui peuvent remonter à l'époque de l'occupation romaine. Abladène était la terre des Saints et des Martyrs, elles en font encore la terre des aïeux. Elles sont de nos jours un témoignage de la foi de nos pères et de leur vénération pour le tombeau du glorieux apôtre de la Picardie.

Cependant, après que Constantin, en se convertissant à la foi, eut donné la paix à l'Église, saint Euloge fut choisi pour succéder à Firmin. Il y a beaucoup d'obscurité répandue sur la vie de ce saint évêque. Il paraît au Concile de Cologne, où il soutient la divinité de Jésus-Christ ; puis au Concile de Sardique ; il annonce l'Évangile dans la ville de Boulogne, et meurt après avoir mérité, par ses vertus, le titre de saint. On ignore le lieu où il fut enterré, mais il est probable qu'il l'a été auprès du tombeau de saint Firmin-le-Martyr.

Il eut pour successeur saint Firmin, surnommé le Confesseur. Celui-ci était fils du sénateur Faustinien, converti à la foi par saint Firmin-le-Martyr. Il étudia les sciences et les écritures dans les écoles chrétiennes, établies à Amiens après la conversion de Constantin. Ses connaissances, sa grande facilité à s'énoncer, et, par-dessus tout, ses rares vertus firent bientôt paraître Firmin avec tant de distinction, qu'il fut élevé à l'épiscopat, vers l'an 346. Boulogne, le pays des Morins et le Ponthieu devinrent successivement le théâtre de son zèle apostolique. Il excitait surtout son peuple à l'érection ou à la reconstruction des églises. Lui-même en donna l'exemple en élevant au-dessus du tombeau de saint Firmin-le-Martyr et des autres saints, pour remplacer le premier oratoire, une église qu'il consacra à Dieu, sous l'invocation de la sainte et perpétuellement Vierge Marie, et sous le nom de Notre-Dame-des-Martyrs. Quelques auteurs ont contesté ce nom, qu'ils pensent n'avoir été donné que beaucoup plus tard. Il fit de cette église sa Cathédrale et y établit son siége.

Notre-Dame-des-Martyrs fut en possession du titre de Cathédrale pendant environ deux siècles et demi.

On sait peu de choses sur cette primitive Eglise. Elle était sans doute construite en bois, comme plusieurs autres de cette époque, qui ne manquaient pour cela ni de grandeur ni même de magnificence. On peut, sans crainte de se tromper, lui appliquer la description que fait Anastase, le bibliothécaire, des premières basiliques construites par les chrétiens. Le trône de l'Évêque devait être placé au fond de l'abside ; les siéges des prêtres se rangeaient en demi-cercle à droite et à gauche. Au milieu du sanctuaire s'élevait l'autel surmonté du *ciborium* antique, et environné des draperies précieuses qui le dérobaient aux regards profanes. Venaient ensuite le chœur réservé aux chantres, et enfin la nef partagée en différentes parties pour les différentes classes d'assistants. On peut croire aussi que l'Église toute entière était tendue en draperies de soie, que la charpente, vue de l'intérieur, était ornée

1. .

de peintures ou de sculptures, et qu'un nombre considérable de lampes brûlaient constamment devant les tombeaux des saints martyrs. Plusieurs faits nous montrent, en effet, combien devait être riche Notre-Dame. Aussitôt que saint Firmin-le-Confesseur en eut fait l'érection, la piété des peuples l'enrichit des décorations les plus magnifiques (1). Plus tard, vers l'an 556, le roi Childebert envoya à l'église cathédrale d'Amiens, un grand nombre de tentures en soie (2). Elle eut même son baptistaire comme devaient l'avoir plus tard quelques grandes basiliques : ce fut l'ancien temple païen à côté duquel avait été inhumé saint Firmin-le-Martyr et s'élevait la nouvelle Cathédrale (3).

Après 40 ans d'un glorieux épiscopat, saint Firmin-le-Confesseur mourut. Il fut enterré dans son église cathédrale avec grande pompe (4), à

(1) *Quam (ecclesiam) populorum confluxus supremis muneravit honoribus.* (Bolland, 1 Épit., ex m. s., Nic. Belfort.)

(2) *Ornamenta serica multa Ambianensi ecclesiæ contulit.* (Bolland, 16 mai.)

(3) Ce temple païen, maintenant entièrement détruit, servait encore d'église aux habitants de La Neuville en 1750. (*Daire*, 2 vol., p. 256.)

(4) *Cum magnifico honore sepultus est.*

côté de saint Firmin-le-Martyr, et de tous les autres corps saints que la Providence semblait réunir à Notre-Dame.

Il eut pour successeurs Léodart, 4e évêque d'Amiens, Andonen, 5e évêque, Obidie, 6e évêque, Béat, 7e évêque, saint Honoré, 8e évêque. Tous illustrèrent leur épiscopat par leur zèle pour la propagation de l'Évangile. Ils reçurent, comme on croit, les derniers honneurs dans leur cathédrale, excepté saint Honoré, dont le corps, inhumé au village de Port, fut transporté à Amiens au IXe siècle.

Mais saint Honoré devait enrichir sa cathédrale des reliques des trois illustres martyrs Fuscien, Victorice et Gentien, inhumés au village de Sains, depuis près de 250 ans. Un prêtre, nommé Lupicin, eut révélation de l'endroit où reposaient les saints corps. Ayant fait creuser la terre, il ne tarda pas à apercevoir leurs tombeaux. Ce fut pour saint Honoré et pour tous les Amiénois, l'occasion de manifester les plus vifs sentiments de foi, et de recevoir du ciel d'insignes faveurs. Saint Honoré, avec son clergé et un immense concours de peuple, alla lever de terre les précieux restes, et les fit placer, d'après l'opinion la plus probable, dans sa cathédrale, avec tant d'autres saints qui y reposaient déjà.

1....

La cathédrale Notre-Dame-des-Martyrs eut ensuite pour 9ᵉ évêque, Déodat, pour 10ᵉ, saint Berchund, pour 11ᵉ, Bertefride, pour 12ᵉ, Théodefride, pour 13ᵉ, Dadon, et pour 14ᵉ et dernier, saint Salve. Selon toute probabilité, ces évêques, excepté saint Salve, furent inhumés comme leurs prédécesseurs. Enrichie par la piété des Fidèles et par la munificence des rois, elle avait encore la gloire de renfermer les reliques de saint Firmin-le-Martyr, de saint Firmin-le-Confesseur, de saint Ache, de saint Acheul, de saint Fuscien, de saint Victorice, de saint Gentien, de saint Berchund. De plus, autour de ses murs se rangeaient, depuis 300 ans, ses évêques, ses prêtres, les grands et tous les autres qui ne voulaient pas se séparer de leurs saints apôtres, même après leur mort.

Bientôt elle devait avoir d'autres destinées.

Le peuple d'Amiens était parfait dans la foi; il s'acquittait du service divin, le jour et la nuit, avec une rare dévotion et un courage sans égal (1); saint Salve était évêque. Il avait, disent les mémoires du temps, une vertu à toute épreuve, un zèle infatigable, une éloquence entraînante. A ces vertus, il joignait la prudence, la grandeur

(1) Lecointe, *ex codice Corbiensi*, ann. 683.

d'âme et la simplicité. Saint Salve voyait combien
la cathédrale était éloignée de la ville et combien
le peuple fidèle serait plus nombreux et plus faci-
lement entretenu dans la pratique de ses devoirs,
si la ville d'Amiens possédait dans son sein les
reliques précieuses qui reposaient à Notre-Dame-
des-Martyrs. D'ailleurs les reliques n'avaient jamais été levées des tombeaux qui les renfermaient,
et saint Salve avait un vif désir de les offrir à la
vénération des peuples. Il fit donc élever au centre
de la ville et à l'endroit occupé par la cathédrale
actuelle, deux églises, l'une sous l'invocation de
Notre-Dame et de saint Firmin, destinée à recevoir les reliques de saint Firmin-le-Martyr, premier
évêque d'Amiens et apôtre de la Picardie; l'autre
sous l'invocation de saint Pierre et de saint Paul,
destinée à recevoir les reliques de saint Firmin-
le-Confesseur, troisième évêque (1). Cependant
saint Salve, qui n'ignorait pas le lieu où reposait
saint Firmin-le-Martyr, mais qui craignait de com-
mettre quelqu'erreur par la *fragilité de la condition
humaine*, demandait à Dieu depuis longtemps de
lui faire connaître ce lieu avec une incontestable
évidence. A cet effet, il convoqua tout le peuple,
les prêtres, les lévites, les clercs, les laïques, les

(1) Lecointe ann. 687. — ACTA SANCT. 1 *sept.*

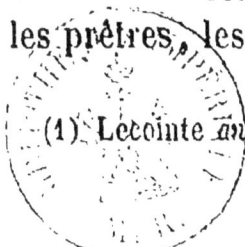

femmes, et ordonna de jeûner pendant trois jours. Au troisième jour et pendant la célébration des saints mystères, le vénérable Salve fut environné d'une lumière céleste ; élevant les yeux, il vit comme un rayon de soleil s'échapper d'un trône, et briller d'une manière ineffable sur le lieu où reposait le très-saint martyr Firmin. Il fit creuser, avec action de grâces et une grande frayeur, et trouva les précieuses reliques. Aussitôt il se répandit une odeur suave. On eût dit qu'on avait réuni dans ce lieu sanctifié, les aromates les plus exquis et tout le parfum des roses, des lis et des fleurs les plus délicates. Cette suave odeur, ajoute la chronique, répandit son parfum dans toute la ville, dans le diocèse d'Amiens et jusque dans les diocèses voisins, dont le peuple apprit, par ce moyen miraculeux, l'heureuse invention des reliques de saint Firmin.

Cependant les évêques de Beauvais, de Noyon, de Cambrai, de Thérouane, les prêtres, le clergé, le peuple, s'avancent avec des cierges et des palmes, au chant des hymnes, à la rencontre des reliques qu'on apportait en triomphe, comme si chacun eût été à la rencontre d'un maître et d'un père. Mais alors Dieu glorifia son serviteur par d'éclatants miracles.

Quand les reliques sortirent du sépulcre qui

les renfermait, une chaleur merveilleuse se répandit subitement et échauffa, pendant trois heures, l'atmosphère, quoiqu'on fût alors au mois de janvier. Les peuples qui étaient venus pour honorer saint Firmin, s'écriaient à haute voix en jetant leurs vêtements sur le chemin : Gloire à Dieu dans les hauteurs, béni soit celui qui vient au nom du Seigneur.

Comme on était en marche, tout-à-coup les arbres se couvrent de fleurs et de fruits; ils élèvent et abaissent leurs branches en les inclinant comme pour faire hommage à l'arrivée d'un martyr si illustre. Les prairies et les campagnes des environs d'Amiens s'émaillent en un instant de roses, de lis et de fleurs, qu'on s'empresse de cueillir et de répandre de toutes parts; les malades sont guéris; enfin, le saint martyr fait son entrée dans la ville d'Amiens, au milieu des miracles et de la jubilation d'un peuple immense.

C'est à peu près en ces termes que la chronique fait le récit de l'invention et de la translation des reliques de saint Firmin, récit d'évènements prodigieux sans doute, mais ils se passèrent aux yeux de tout un peuple, ils nous sont attestés par plusieurs auteurs, ils sont devenus une des pieuses traditions de l'Église d'Amiens, où plusieurs usages respectables en ont conservé le

1.....

souvenir jusqu'à nous ; pourraient-ils n'être pas accueillis avec respect par le chrétien qui n'ignore pas que la foi transporte les montagnes, et que Dieu se plaît à se montrer admirable dans ses Saints ?

Cela se passait, d'après le calcul qui paraît le plus sûr, en 687. Deux ans plus tard, le 4 des ides de janvier, en 689, saint Salve fit aussi la levée des reliques de saint Firmin-le-Confesseur et des deux bienheureux martyrs Ache et Acheul, célèbres par de grands miracles. *Beatorum martyrum Acii et Acioli qui religiosis fulgent miraculis.* Il plaça ces reliques avec une grande magnificence dans l'église qu'il avait fait élever pour le recevoir, sous l'invocation de saint Pierre et de saint Paul, au côté oriental et tout près de la première église où reposaient les reliques de saint Firmin-le-Martyr (1). Quelques auteurs font remonter à la même époque la translation des reliques de saint Fuscien, de saint Victorice et de saint Gentien.

Le peuple d'Amiens se montra digne de posséder les inappréciables trésors que Notre-Dame-des-Martyrs lui accordait.

La nouvelle église où reposaient les reliques de

(1) Lecointe, année 689.

saint Firmin-le-Martyr (*Acta*, 1 *sept.*) fut brûlée par les Normands, en 881. Mais la générosité et la piété des Amiénois l'eurent bientôt fait reconstruire. Elle fut de nouveau incendiée et immédiatement après reconstruite en 1019, 1107, et 1218 (1). Ces malheurs successifs ne firent qu'exciter le zèle des fidèles. En 1220, sous l'épiscopat d'Evrard, avec le secours du clergé et du peuple, l'architecte Robert de Luzarches conçut le plan et jeta les fondations de la nouvelle Cathédrale, de celle-là même qui, après avoir affronté pendant plus de six cents ans, les injures des siècles, est encore la gloire d'Amiens *et du monde*. Trois architectes ont conduit ce magnifique ouvrage : Robert de Luzarches, Thomas de Cormont et Regnault, son fils, sous la surveillance et avec le concours de Geoffroy, successeur d'Evrard, d'Arnoul, de Gérard de Conchy, d'Alcaume de Neuilli et de Bernard d'Abbeville, tous successivement évêques d'Amiens. Excepté la partie supérieure des tours, les chapelles latérales, la flèche centrale, élevée en 1530 par Louis Cordon et Simon Canceau, et quelques autres parties accessoires, tout fut terminé en 1288.

Il fallait à nos saintes reliques des châsses

_____

(1) Daire, 2 vol., 92.

dignes de la Cathédrale qu'on allait élever en leur honneur. Les évêques et le peuple d'Amiens le comprirent. A la parole de saint Geoffroi, les fidèles apportèrent à l'instant de l'or, de l'argent, des bracelets, des bagues en grande quantité. Il en eut pour rebâtir les églises ruinées, et « en-» clore les reliques de notre saint Firmin en une » châsse de pur or, comme on la voit à présent au » beau milieu du maître-autel de Notre-Dame. » La déposition des reliques de saint Firmin-le-Martyr dans cette nouvelle et magnifique châsse, se fit, en 1204, par l'évêque Thibault, avec un concours si prodigieux de peuple, *qu'il semblait que toute l'Europe s'y fût rendue.* Des châsses en argent doré et « relevées de figures » furent aussi préparées pour saint Firmin-le-Confesseur, saint Fuscien avec ses compagnons, saint Honoré, saint Ulphe, saint Domice, et la déposition s'en fit, en 1279, par le cardinal Simon de Brie, légat du Saint-Siége, avec la pompe que le peuple d'Amiens savait déjà mettre dans ses cérémonies religieuses, en présence de Philippe-le-Hardi, roi de France, et d'Édouard, roi d'Angleterre, du prince de Palerme, de Guillaume, archevêque de Rouen, et d'un grand nombre de prélats, d'abbés et de chevaliers.

C'est donc au milieu des splendeurs architectoniques de la Cathédrale d'Amiens, que furent replacées avec pompe, et que reposent encore avec honneur, les reliques de saint Firmin-le-Martyr, de saint Firmin-le-Confesseur, de saint Ache, de saint Acheul, de saint Fuscien, de saint Victorice, de saint Gentien (1), etc., et de sainte Theudosie, l'illustre martyre qu'ont possédée pendant tant de siècles les catacombes de Rome, et dont la glorieuse translation a renouvelé, en 1853, quelques-unes des merveilles de la translation des reliques de saint Firmin en 687.

Revenons maintenant à Notre-Dame-des-Martyrs, veuve de ses reliques, découronnée de son titre de cathédrale, mais riche peut-être d'autres reliques qui n'ont jamais été levées, riche des tombeaux de ses saints et de ses évêques, riche du sang dont sa terre a été arrosée, riche surtout du sépulcre de saint Firmin. Vers l'époque de la translation des reliques, l'église de Notre-Dame-des-Martyrs changea de nom, on l'appela Notre-Dame de Saint-Ache et de Saint-Acheul, puis seulement Notre-Dame de Saint-Acheul, soit parce que ces deux saints, qu'on invoquait principale-

(1) On a prétendu, mais nous ignorons sur quel fondement, que le grand Crucifix, vénéré dans la cathédrale d'Amiens sous le nom du Christ St. Sauve, y a été transporté de la cathédrale de St. Acheul par St. Salve.

ment en faveur des personnes agonisantes (1), opéraient alors de nombreux miracles, *religiosis refulgent miraculis;* soit parce que, comme le pensent quelques auteurs, leurs reliques, après avoir été levées par saint Salve, ne furent cependant transportées à la Cathédrale qu'au moment de la déposition solennelle de toutes les reliques dans leurs nouvelles châsses, en 1204 et en 1279 (2).

Les saints tombeaux et surtout le tombeau de saint Firmin, martyr, ou le *Saint-Sépulcre*, comme l'appelait en 1247, Jean, seigneur de Hourges, devinrent l'objet d'un respect religieux qui n'a pas diminué jusqu'à nous; ils furent aussi l'occasion de plusieurs évènements que la piété et l'histoire se sont empressées de recueillir. Nous les raconterons brièvement.

Vers la fin du VIIᵉ siècle, on comptait parmi les membres du clergé nombreux qui continua à desservir Notre-Dame de Saint-Acheul, après la translation des reliques, un diacre nommé Domice. Désirant mener une vie plus austère, il se retira

(1) Daire, p. 257.

(2) On n'est pas parfaitement d'accord sur les noms ni sur les époques des changements de nom de Notre-Dame de Saint-Acheul.

au-delà de Boves, à six kilomètres de Saint-Acheul, dans une épaisse forêt, d'où il venait toutes les nuits assister à l'office divin et à la messe canoniale, après quoi il retournait dans sa retraite. Il suivait depuis longtemps ce genre de vie extraordinaire, lorsqu'une vierge, nommée Ulphe, née dans les environs de Laon, quitta le monde, sa famille et son pays, et vint se fixer dans un lieu solitaire entre Boves et l'ermitage de saint Domice, sur les bords de la rivière de Noye. Dieu la mit sous la conduite de saint Domice; et, à son exemple, elle se fit une loi d'aller chaque nuit, par quelque temps que ce fût, assister à l'office divin dans l'église de Saint-Acheul. Ils firent l'un et l'autre ce pénible voyage jusqu'à la mort de saint Domice, qui arriva vers le milieu du VIIIe siècle. Ulphe ne quitta sa solitude que pour établir, à la prière de l'évêque, le premier monastère de filles qu'on ait vu dans Amiens, après quoi elle retourna dans sa cellule et y mourut (1).

(1) Saint Domice et sainte Ulphe ont été célèbres par leurs miracles, et leur mémoire est en vénération dans le pays. On montre encore dans les champs, à droite de la route qui conduit de Cagny à Boves, un sentier appelé le *sentier de saint Domice.* Ce sentier n'a plus de destination particulière ; il doit sa conservation au religieux respect que lui portent toujours les habitants de cette contrée, après tant de siècles.

Les évêques se montrèrent plus dévoués encore, s'il est possible, et plus respectueux pour les tombeaux des martyrs que les fidèles.

Déjà en 1073, Guy ou Guydo, 34ᵉ évêque d'Amiens, avait élevé, au-dessus des saints tombeaux, une nouvelle église en pierre, dont le sanctuaire subsista jusqu'en 1751 (1). Mais il fallait comme une garde perpétuelle auprès d'un lieu si vénérable. Roricon, 36ᵉ évêque, en 1085, au Concile de Compiègne, du consentement de son chapitre, désirant honorer comme elle le mérite l'église qui a renfermé les ossements sacrés de saint Firmin et des autres, déclare l'église de Saint-Acheul libre de tout retour de la part de l'évêque et de ses ministres; il y établit une communauté de chanoines réguliers auxquels il accorde de grands priviléges. Rien ne peut mieux faire connaître les intentions de ce saint évêque,

On raconte, au sujet du voyage que les deux saints faisaient à Saint-Acheul, un fait beaucoup plus étonnant. Le coassement des grenouilles ayant une fois empêché Ulphe d'ouïr le signal que Domice avait coutume de lui donner en passant près de sa cellule pour aller à l'office, le saint leur défendit de se faire jamais entendre en ce lieu. Les grenouilles, dit-on, devinrent muettes sur la rive gauche de cette rivière, où était la cellule de sainte Ulphe.

(1) Daire, p. 256.

et le respect dont on entourait l'église de Saint-Acheul que le texte même de cette fondation. « Roricon, par la puissance de Dieu, par sa bonté » et par sa grâce, indigne évêque d'Amiens, » malgré mes péchés, dénué de tout mérite, » voyant des fidèles d'une si éminente piété con- » fiés aux soins de ma misère, pour sortir heu- » reusement de cette vallée de larmes, et ar- » river, avec les enfants de Dieu, jusqu'à l'é- » ternel repos de la montagne sainte... Saint » Firmin-le-Confesseur, lorsque, dès l'origine, » il travaillait à arracher cette ville à la puis- » sance du démon, fonda cette église en l'hon- » neur de la sainte et perpétuelle Vierge. Or, » après, cette église prit son nom des saints » martyrs Ache et Acheul.... Nous voulons que » cette église soit libre de toute redevance à » l'évêque et aux siens, et nous établissons, » pour y faire le service divin, des clercs ré- » guliers. De plus, pour l'honneur de notre pa- » tron Firmin, évêque et martyr, dont le très- » saint corps a reposé pendant tant d'années » dans cette église, nous accordons avec amour, » aux clercs susdits, une prébende.... » Suivent les charges et les priviléges (1).

(1) Labbe, 10 vol., année 1083.

Saint Geoffroy, un des plus grands évêques d'Amiens, « qui fut tout bon, tout charitable, tout juste, tout dévot, tout pieux, *doctrinâ præclarus, sanctitate conspicuus, pontificum decus,* » ne pouvait manquer de marcher sur les traces de ses prédécesseurs. Elu malgré lui, en 1104, au Concile de Troyes, il fut accompagné jusqu'à Amiens par les évêques d'Arras et de Thérouane, qui avaient assisté à son sacre. Mais le saint évêque voulut avant tout faire sa prière sur le tombeau de Firmin, à Notre-Dame de Saint-Acheul. C'est de là qu'il sortit, nu-pieds, pour aller à la Cathédrale où il fit une exhortation si pathétique et si touchante *qu'on croyait entendre le Saint-Esprit parler par sa bouche.* Sous l'épiscopat de saint Geoffroy, les clercs réguliers établis à Notre-Dame de Saint-Acheul par Roricon, embrassèrent la règle de saint Augustin, vers l'an **1109.**

Quarante ans après, en 1145, cette communauté fut érigée en abbaye, sous le nom d'abbaye de Saint-Acheul, par l'évêque Thiéry, qui voulait, à l'exemple de ses prédécesseurs, donner une marque publique de son respect pour les restes précieux conservés à Notre-Dame.

D'autres faveurs étaient réservées à cette *insigne* église. Vers l'an 1214, des reliques de sainte Marguerite, apportées par l'abbé Guibert, chanoine de Saint-Acheul, commencèrent à y être vénérées. Elles le furent depuis sans interruption, et le sont encore principalement par les mères chrétiennes, qui viennent se mettre sous la protection de la sainte pour le temps des douleurs et des devoirs de la maternité. La confrérie de sainte Marguerite fut approuvée par l'évêque le 17 juillet 1676.

Pour récompenser le respect que les fidèles conservaient envers le tombeau de leur saint apôtre, le Pape Innocent IV, en 1248, accorda quarante jours d'indulgences à ceux qui visiteront l'église de Saint-Acheul le jour de la fête et durant l'octave de saint Firmin-le-Martyr. Alexandre IV étendit cette faveur à la fête du martyre de ce Saint, et Nicolas IV, en 1291, ajouta un an aux quarante jours pour les deux fêtes du Martyr, pour celles de saint Acheul, de la dédicace et de la sainte Vierge.

De grandes épreuves allaient faire paraître avec éclat la piété des peuples. La maison et l'église, monuments curieux du XIe siècle, furent entièrement ruinées et abattues, vers l'an 1368, sous Charles V. Il ne resta debout, pense-t-on (1),

(1) Daire, p. 226.

que le sanctuaire. Mais le zèle de Pierre Versé, évêque d'Amiens, et celui des fidèles eurent bientôt reconstruit une abbaye et une église également chères à tous les Amiénois.

Après avoir été rebâtie, l'abbaye de Saint-Acheul fut de nouveau abattue en 1634, puis reconstruite par la congrégation de sainte Geneviève, à laquelle elle fut unie cette année-là même, pour y rester jusqu'à la révolution. A peine sortie de ses ruines, elle servit d'hôpital à l'armée de Louis XIII, qui assiégeait Corbie. Heureusement, ces désastres épargnèrent toujours le premier sanctuaire élevé en 1073 où était en sûreté le saint tombeau. Alors une découverte très-importante rendit l'église Notre-Dame plus respectable encore. Il s'agissait d'élever un nouvel autel au-dessus du tombeau de saint Firmin, mais en le rapprochant un peu de la nef.

Pendant qu'on creusait les fondations de cet autel, on découvrit, le 10 janvier 1697, cinq nouveaux tombeaux. Ils étaient sur deux lignes; les deux premiers étaient à côté l'un de l'autre, ils touchaient par les pieds presqu'à la tête du tombeau de saint Firmin-le-Martyr. L'inscription qui se trouvait sur le couvercle de l'un d'eux et différentes circonstances de l'inhumation des premiers évêques d'Amiens, firent généralement attribuer à saint Euloge celui qui se trouve du côté de l'Évangile, et à saint Firmin-le-Confesseur celui qui occupe le côté de l'Épître. Les trois autres étaient immédiatement derrière, à côté l'un de l'autre. Le premier du côté de l'Évangile, parut être celui de Faustinien, d'après l'inscription qu'on y lisait; les deux derniers restèrent complètement inconnus. Cette découverte donna lieu à une discussion célèbre. L'abbé de Saint-Acheul soutenait que les reliques de saint Firmin-le-Confesseur étaient dans l'un de ces tombeaux, et que par conséquent la châsse de la Cathédrale était vide. Il fut obligé de se rétracter après avoir vu l'ouverture de la châsse, et un arrêt du 4 février 1716, le condamna à l'amende et aux dépens.

Cependant on avait terminé le nouvel autel. C'était une table soutenue par six colonnes placées en triangle (4). Au milieu était l'ancien tombeau de saint Firmin-le-Martyr, dans lequel on descendait par un escalier pratiqué par derrière. Cet autel fut consacré par l'évêque Feydeau de Brou, le 9 avril 1697. On y grava cette inscription :

(1) Ce plan est conservé dans les archives de la bibliothèque d'Amiens.

D. O. M.

Confessio Beati FIRMINI,

Ambianorum primi præsulis, apostoli,

Martyris, Patroni tertio exeunte sæculo,

tecti hac ara quam erexit super Paternam

Faustiniani Senatoris Catacumbam, S.

Firminus Confessor inibi sepultus,

ac septimo ineunte sæculo, retecti

à S. Salvio, tot ad Ligerim usque

coruscantibus quæ recreantur in dies

miraculis. Henricus Feydeau

de Brou, qui sextus supra

septuagesimum sedebat, anno

decimo, Petri Abbatis trigesimo,

dedicabat, quinto idus aprilis.

M. D. C. XCVII.

De nouvelles transformations, nécessitées par de nouveaux malheurs ne tardèrent pas à s'opérer à Notre-Dame de Saint-Acheul.

En 1751, l'antique voûte du sanctuaire s'écroula. Ce désastre et le mauvais état de la maison firent naître aux Génovéfains la pensée de rebâtir toute l'abbaye et l'église sur un plan nouveau et dans le style qui remplaçait alors le style national et si chrétien de nos pères. Ce projet fut exécuté dans son entier les années suivantes. C'est à cette époque qu'il faut faire remonter la construction du caveau actuel, au-dessus des tombeaux des évêques et l'embellissement de la crypte de saint Firmin. L'ouvrage était à peine terminé que la révolution française vint enlever l'abbaye à sa destination primitive. La maison et les terres furent vendues à vil prix. L'église entra dans ce qu'on appelait le domaine national ; elle fut d'abord pillée et dévastée. Bientôt après on la changea en un hôpital militaire, et dans ce plan, comme pour combler la mesure du sacrilége et la profanation des choses les plus saintes aux yeux de Dieu et des hommes, le caveau où avait reposé la cendre des saints et où l'on conservait les sépulcres des apôtres et des évêques de la Picardie, devenait un cloaque indigne. Heureusement ce projet ne put être exécuté (1).

Hélas! pourquoi faut-il que nous ajoutions au récit de l'annaliste une circonstance à jamais déplorable? Jusqu'à ces jours de triste mémoire, nous trouvons le tombeau de saint Firmin. En 1697, un autel magnifique est élevé au-dessus de ce tombeau. Il est exposé dans sa crypte découverte aussi bien à la vue qu'à la vénération des

(1) Annales de Saint-Acheul.

fidèles. Le saint apôtre y est représenté en habits
pontificaux, la crosse à la main. Cinq autres
tombes sont découvertes tout auprès, le 10 janvier 1697. C'est là qu'à l'occasion de la discussion
sur les reliques de saint Firmin-le-Confesseur,
un concours extraordinaire de peuples et plusieurs
savants distingués, entre autres Mabillon, le
voient en même temps que les cinq autres tombeaux nouvellement découverts (1). Mais depuis
ce moment, ou plutôt depuis 1751, époque où
l'antique sanctuaire s'écroula, on n'en trouve plus
que des traces incertaines. Aurait-il été brisé
sous les décombres de 1751 ? Aurait-il disparu
dans les embarras des constructions nouvelles?
Au moment de la révolution aurait-il été pieuse-
ment enfoui dans sa crypte même pour le dérober
au marteau de l'impiété ? Ou bien, quand l'église
fut convertie en ambulance militaire, aurait-il
été sacrilégement détruit? Nous l'ignorons. Toutes
les recherches que nous avons faites à cet égard
ont été infructueuses. Au lieu du tombeau de
saint Firmin il n'y a plus que la sainte crypte

(1) Voir *Acta sanctorum*, 1er septembre 1751. Mabillon,
lettre sur les reliques de saint Firmin-le-Confesseur. Daire,
abbaye de Saint-Acheul. La Morlière, *Acheolus Subterraneus*,
bibliothèque d'Amiens, etc.

qui le renfermait, les curieux bas-reliefs qui y furent placés et les cinq tombeaux découverts en 1697. On pense, comme nous l'avons dit, que ce sont les tombeaux de saint Euloge, second évêque d'Amiens, de saint Firmin-le-Confesseur, de Faustinien. Les deux autres sont inconnus.

Après le règne de la terreur, l'église de Saint-Acheul fut rendue au culte, en faveur des habitants de la Neuville, qui, depuis sa reconstruction, n'avaient plus eu d'autre paroisse. Mais jusqu'en 1814 à peine pouvait-on subvenir aux besoins les plus pressants du culte. L'église était dans un état de dénuement et de délabrement sans exemple : un pavé de mauvaises briques usées, ou même enlevées, des murs nus, sales et dégradés, une voûte percée de toutes parts, des vitraux en désordre et à moitié détruits, point de sacristie, ni vases sacrés, ni linge, ni ornements dont on pût décemment se servir.

Cette année même, les Pères de la Compagnie de Jésus fondèrent à Saint-Acheul le petit séminaire de ce nom, et l'église put espérer de revoir quelque chose de son ancienne gloire.

En effet, en 1814, Notre-Dame de Saint-Acheul voyait de temps en temps disparaître la nudité de ses murs et le délabrement de son mobilier sous les plus belles quoique sous les plus éphémères décorations. A l'approche des jours de fête, disent les annales de Saint-Acheul (1), le sanctuaire, et quelquefois le chœur entier, étaient tendus d'étoffes de velours, bordées de guirlandes, que les habitants d'Amiens fournissaient à l'envi. Les deux chapelles latérales se revêtaient entièrement de feuillages entremêlés de fleurs ; quelquefois un pavillon en draperies s'élevait au-dessus du maître-autel ; enfin le pavé disparaissait sous les plus riches tapis. Les décorations du jour de la première communion, en 1815, restent encore dans le souvenir des habitants la Neuville. Cette même année on peignit les deux chapelles latérales, alors dédiées, l'une à la sainte Vierge, l'autre à sainte Marguerite.

En 1817, les Pères de la Compagnie de Jésus poursuivirent avec ardeur un plan de restauration complète. Trois rangées de bancs en forme de stalles furent placées dans le chœur. On exhaussa le sanctuaire qui était presque au niveau de la nef. On racheta l'autel en marbre qui avait été enlevé pendant la révolution, et il remplaça un autel en bois grossièrement travaillé. Le beau groupe de l'Assomption fut environné d'une gloire, et placé au rond-point du sanctuaire, dont il devint l'un des

(1) Page 14.

plus riches ornements. Une boiserie simple , mais d'un bon goût, acheva cette décoration. De plus , et c'est ici la preuve du religieux respect avec lequel on recueillit les traditions de la vénération du peuple d'Amiens pour son saint Apôtre , on plaça au milieu du chœur et l'on ferma d'une grille l'entrée du caveau où avaient reposé le corps de saint Firmin et ceux de plusieurs autres saints. Enfin , l'intérieur du caveau fut réparé avec tout le soin dû à la mémoire des martyrs et des confesseurs dont la présence l'avait autrefois consacré. On ne s'arrêta pas là. Quoique l'église ne leur appartînt pas, les Pères firent encore réparer la toiture, le chœur , la voûte qui tombait en ruine. Celle-ci fut refaite à neuf jusqu'au-delà des chapelles latérales et peinte à l'huile. Le chœur entier fut peint de haut en bas en marbres de différentes couleurs. Trois tribunes furent établies au fond de l'église ; un jeu d'orgues fut placé dans la première ; les deux autres donnèrent place à un plus grand nombre d'assistants ; en un mot, rien ne fut épargné pour rendre l'église digne du culte de Dieu et des saints tombeaux qu'on y venait honorer (1).

A la même époque, en 1825 , on érigea dans les

(1) Annales de Saint-Acheul , 1817 , p. 60.

chapelles latérales, qui forment les bras de la croix, deux autels dédiés, l'un au Sacré-Cœur de Jésus, l'autre au Sacré-Cœur de Marie.

Quelques années plus tard, le petit séminaire de Saint-Acheul dut cesser d'exister : Notre-Dame fut alors privée de ses plus belles fêtes et de plusieurs de ses ressources ; depuis vingt-six ans que ce fait s'est accompli, la piété des habitants de La Neuville, le dévoûment de plusieurs personnes pieuses, le zèle de M. le curé de la paroisse ont fait beaucoup pour Notre-Dame et pour les saints tombeaux. En 1832, un autel devenu célèbre par le concours des Fidèles qui viennent se recommander à la Vierge des Vierges, a été dédié à *Notre-Dame-des-Sept-Douleurs*. En 1846, l'église a été érigée en succursale. En 1854, on a construit un escalier qui donne un accès facile à la crypte de saint Firmin et au caveau qui l'avoisine.

Enfin des circonstances providentielles ont ménagé à Notre-Dame de revoir quelque chose de la pompe de ses anciennes fêtes. Dans une grande pensée de respect pour leur souvenir, Monseigneur l'Evêque d'Amiens a voulu que les reliques de sainte Theudosie reposassent sur le tombeau où avait reposé si longtemps l'Apôtre de la Picardie, et où reposent sans doute tant de saints personnages dans cette terre des martyrs. Quel autre lieu était plus digne de recevoir, comme dans une première halte, les cendres de la martyre d'Amiens ! Inspiration aussi noble que touchante dont Notre-Dame de Saint-Acheul conservera le précieux souvenir.

C'est le 9 octobre 1853 que les reliques de sainte Theudosie arrivèrent à Saint-Acheul ; le 11, la cérémonie de la reconnaissance fut faite en présence de S. E. le cardinal Gousset, archevêque de Reims, S. G. Monseigneur l'évêque d'Amiens et S. G. Monseigneur Pie, évêque de Poitiers. Le doyen et les chanoines du chapitre de la cathédrale, les vicaires-généraux d'Amiens, plusieurs curés de la ville, le supérieur et les directeurs du grand séminaire, un grand nombre d'ecclésiastiques et toute la communauté de Saint-Acheul assistaient les prélats. Après cette cérémonie, les ossements sacrés furent processionnellement portés à l'église Notre-Dame, au lieu même où reposa longtemps l'Apôtre d'Amiens, saint Firmin-le-Martyr. Ils furent placés sous un pavillon d'une grande richesse où les Fidèles s'empressèrent de venir les vénérer. Mais Notre-Dame ne devait posséder qu'un seul jour le précieux dépôt ; le lendemain la communauté de Saint-Acheul le transporta avec un saint respect et un regret plein de joie, dans la chapelle du grand séminaire, décorée avec autant de magnificence que de goût. Là devait commencer cette incomparable fête de la translation des reliques de sainte Theudosie, dont Notre-Dame avait les prémices et dont elle voyait le triomphe en s'y associant.

Quelques mois plus tard (1), les murailles de Notre-Dame disparaissaient de nouveau sous les tentures et sous les guirlandes, une nouvelle et magnifique fête était préparée pour la béatification des deux martyrs Jean de Britto et André Bobola de la Compagnie de Jésus, comme elle l'avait été deux ans auparavant pour la béatification de Pierre Claver, de la même compagnie. Messeigneurs l'archevêque de Sens et les évêques de Bruges, de Liège, de Soissons, de Perpignan, d'Adras avaient daigné honorer cette fête de leur auguste présence.

Notre-Dame des Martyrs et de Saint-Acheul conserve auprès de ses tombeaux le souvenir de ces fêtes qui font sa gloire et ses espérances.

Ces espérances ne seront pas vaines, nous en avons la certitude. Plusieurs âmes généreuses soupirent après le moment où l'église et la crypte

(1) Les 27, 28, 29 juin 1854.

de l'Apôtre de la Picardie seront l'objet d'une entière et digne restauration. Le besoin s'en fait sentir chaque jour davantage. Le plafond de l'église menace ruine en bien des endroits, la façade se dégrade de plus en plus, le temps imprime partout l'outrage de la vétusté.

Quelques antiquaires distingués se sont émus, nous le savons, de cet état de la première église d'Amiens. Ils confondent leurs vœux avec ceux de tous les fidèles, parce qu'ils savent apprécier les choses par la grandeur et par la sainteté des souvenirs qu'elles rappellent. Ils attendent le jour où l'autel aura repris sa véritable place au-dessus de la crypte de saint Firmin, et, s'il est possible, d'après le plan si simple et si beau de 1697 (1), sans oublier la belle et historique inscription que l'évêque Feydeau de Brou y fit graver en le consacrant.

Ils aiment à remettre dans le fond de l'abside, l'antique siége épiscopal et les stalles réservées aux prêtres. Ils rétablissent l'ancienne distinction entre le sanctuaire et le chœur. Ils relèvent la grille qui séparait autrefois le chœur de la nef, ou la remplacent par une balustrade convenable. Ils rendent à sainte Marguerite l'autel qui lui était

(1) Ce plan est conservé à la bibliothèque d'Amiens.

dédié et où les fidèles venaient depuis tant de siècles implorer sa protection. Ils étendent sur la belle boiserie du sanctuaire, une couleur uniforme de chêne antique.

Oserons-nous le dire, et pourquoi ne le dirions-nous pas, ils mettent des vitraux historiés dans le sanctuaire, de simples grisailles dans la nef. Ils donnent à toutes les murailles de l'église cette teinte douce et uniforme qui n'en est que plus religieuse dans sa simplicité. Enfin, guidés par un goût pur, éclairés par l'esprit des traditions chrétiennes, ils rendent Notre-Dame de Saint-Acheul digne de protéger et de conserver les souvenirs les plus antiques et les plus saints de la foi dans la Picardie. Puissent ces vœux si justes et si beaux devenir une réalité!

FIN.

Amiens. Typographie de CABON et LAMBERT.

www.ingramcontent.com/pod-product-compliance
Lightning Source LLC
LaVergne TN
LVHW022039080426
835513LV00009B/1143